JN408665

우면산 돌담불

문학공원 시선 133

우면산 돌담불

김제방 시집

문학공원

▲ 저자가 쌓은 우면산의 돌담불

자서

2011년 7월 27일
서울 서초구 우면산에 산사태로 쓸려 내려온
돌을 주워 모아다가 돌탑을 쌓으려고
5년여 공을 들였으나 돌담불이 되고 말았다
그동안 시詩를 쓰려고 사방팔방 돌아다녔지만
돌담불 수준이라 이제 남은 것은
시를 쓰겠다는 망상에서 깨어나는 것뿐이었다
그런데 2017년 추석 무렵
그 볼품없는 돌담불 주변에 오솔길을 내고
자갈을 깔아 꽃나무를 심고 벤치를 설치해
'생태 서식 공간'이란 표지판을 세운 천사 같은
서울특별시
그 고마움을 어찌 잊으랴
이에 부족하지만 시집을 낸다

2018년 늦은 봄

김 제 방 배상

차례

제2부 중동건설 붐

제3부 서안의 아침

제4부 손자 눈에 비친 내 모습

작품해설 - 감순진

제1부
우면산에 올라

우면산

우면산에 오른다
울창한 숲 아카시아꽃 향기
떡갈나무의 싱그러운 풋내음
졸졸 흐르는 물소리
귓전에 스치는데
장끼 한 마리 푸드득 날자
까투리가 놀라 같이 날은다

소년의 꿈도 함께
하늘을 날아오른다

눈 내리는 우면산

우면산 중턱 자작나무숲에
함박눈이 내린다
각박한 대지 위에 내리기 역겨워
내리다가 솟구치고
솟구쳤다가 곤두박질쳐
나뭇가지에 산산이 부서진다

울창한 숲속 고고한 자작나무
세상 허물 뒤집어쓰고
산 속에 숨어 서서
나이테 늘어감에 허물도 늘어
늘어나는 허물 가리려고
가지마다 흰 눈 소복이 쌓인다

우리들의 고민

출근했다가 출장가고
퇴근하면 책 보다가 잠자는 일
아무리 늘려 봐도
내 할 일 이것이 고작인데
뭐 그게 그리도 바쁘고
고달픈지 알 수가 없다
정치문화가 어떻고
경제윤리가 저떻고
사회질서가 도덕성이 어떻고
국회의원 판검사가 그렇고
공해가 오존층을 뚫어
지구의 온난화를 불러오느니
남의 영역 들락거리면서
혀를 차고 한숨짓고
무엇을 잃은 듯
무엇을 빼앗긴 듯
이렇게 살아가는 현대인들
그게 우리들의 고민인가

밤나무 꽃향기

한밤중에는 접동새 소리
새벽녘에는 뻐꾹새 소리

아임에 일어나 우면산 중턱
유점사 약수터를 오른다

밤나무꽃 향내가
싱그럽다

세상사

함박눈이 내리는 유점사 약수터
약수통 지고 내려가는 엄마와 아이들

촐랑촐랑 뛰어 내려가는 남매를 향해
얘들아 조심해라 넘어질라

엄마가 엉덩방아 찧고 하는 말
내가 먼저 넘어졌네

이집트로 가는 길

사우디아라비아의 미항美港 제다에서
이집트 카이로 가는 여객기
밑으로 전재되는 초록의 홍해 바다
햇빛에 바래 하얀 사막
저 멀리 촌락이 시야에 들어오는데
파리 한 마리 시야를 방해하다가
두루마리 신문지에 맞아 떨어졌다
하필이면 그 신문에
권좌에서 쫓겨난 마르코스 필리핀 대통령이
망명지 하와이에서 사망했다는 기사가 실렸네

백담사 가는 길에

백담사 새벽길 총총히 걸어 나와
청문회 증언대에 오른 전두환 대통령
삼천육백오십 일 응어리진 역사
고함과 삿대질로 아수라장이 된
국회에는 불신만 남았다
새해 보신각 종소리 들으며
밤길 재촉하는 전 대통령
피차에 풀지 못한 한일랑
백담사 가는 길에 뿌리고 가세요

소련의 붕괴

강력한 사회주의의 도전을 받은 서구사회가
복지정책 노동운동 계획경제를 수용하고 변신하는 동안
사회주의가 지니는 폐쇄성으로
자본주의 사회의 자유경쟁 사유재산
이윤추구를 얕잡아 보다가
무너지는 소련의
환영이 어른거린다

로마에 갔더니

사람이 살면서 무서워하는 것은
건강한 사람도 병에 걸리는 것이 무섭고
돈이 있는 사람은 돈을 잃을까봐
한자리 한 사람은 밀려나는 것이 두렵다
그러나 정작 무서운 건 세월이라
세월의 불도저가 지나간 자리에 남는 건
껍데기뿐
로마의 껍데기유산을 보려고 법석거리는 사람들
나도 그중에 하나였다

88서울올림픽

88서울올림픽기가 고무풍선에 매달려
하늘을 날고 있다
기승을 부리던 폭염도 꺾이고
가을이 성큼 다가오는 느낌이다
김포가도에
여의도 관통로
마포대교 양단에
사대문 안에도 두둥실 떠 있다
63빌딩 사무실에서 내려다보이는
한강물이 오늘따라 반짝거린다

북극항로

생명을 건 탐험가들이 발을 들여놓았을
이곳 북극항로에는
현대문명의 걸작품 여객기를 타고
설원을 감상하듯 유유히 날아간다
빙산이 보이고 호수가 보인다
전후좌우 어디를 봐도 하얀 세상뿐
햇빛도 하얗고 사람도 하얗게 보인다
프랑스에서 출발한 기내 손님이라고는
고작 20명 정도
전세기 같다

전운戰雲

중동의 하와이라 부르는 두바이
하얏트호텔 창밖으로 물들어오는 낙조가
바다에 세워진 철탑구조물의 잔영을
을씨년스럽게 한다
방파제를 넘은 파도가 힘없이 주저앉아
바람에 출렁이고 이라크가 불 지른
쿠웨이트 유전에서 타오르는 검은 연기가
석양빛을 삼키고 창가에 드리운 전운이
어둠으로 다가온다

타브리즈 출장

터키 쪽에 가까운 이란의 북부도시
고도古都 타브리즈Tabriz
세계제국을 건설한 몽고의 칭기즈칸이
광대한 영토와 다양한 민족을 일률적으로
통치하기에는 역부족이었던 것을 알고
왕족과 공신들에게 영토를 분할해 주었다

원元나라 킵차크한국汗國 일한국汗國 차카타이한국汗國
오고타이한국汗國
5개국으로 나눠 타브리즈는 일한국의 수도였다
일한국은 이라크 지방을 통치하였다

마르코폴로가 아버지를 따라 중국에서
20년간 생활하고 원나라 공주가
일한국의 수도 타브리즈로 시집가는 날
동행해 그의 고향인 베네치아로 돌아갔다

당시 200년간의 십자군전쟁이 끝나갈 무렵
베네치아와 제노바 사이에는 전쟁 중이라
전쟁에 참가했던 마르코폴로는
포로가 되어 수용소생활을 하게 되었다

심심풀이로 아시아를 여행하면서
보고들은 이야기를 동료에게 들려주었으니
같은 포로였던 피사의 루스티챠노가
이를 글로 내게 되었고
유명한 마르코폴로의 『동방견문록』이다
이렇게 탄생한 『동방견문록』은
문예부흥기 유럽의 동방에 관한 지식의
유일한 보고寶庫였다

우면산에 오르니

어느 토요일 오후 우면산에 오르니
또 다른 세계가 보였다
듬성듬성 잣나무 사이로 제멋대로 놓인
바위 틈새에 진달래꽃이 피었다
도심지대 일에 파묻히고 잦은 출장에
꽃이 피었는지 잎이 피었는지
무디어진 계절감각
화창한 봄날 꽃 피고 나비 나르니
다람쥐 청솔모도 신이 나서 뛰놀고 있다

강남의 테헤란로

1977년 서울과 테헤란의 자매결연으로
서울 강남에는 테헤란로路가
이란의 테헤란에는 서울로路를 만들었다
1976년 내가 청담동으로 이사 올 때
테헤란로는 허허벌판이었는데
그러던 어느 사이엔가
하늘을 찌르는 고층빌딩이 들어섰다
서울의 테헤란로는 경제성장의 상징이 되고 있는데

테헤란의 서울로는 초라하다
팔레비왕의 영화처럼…

호메이니 궁전묘

사막에 눌려 숨죽인 사우디아라비아
걸프전쟁으로 술렁이는 중동 끝자락
유전이 타는 쿠웨이트에서
기름연기 날아와 하늘을 덮었는데
가난을 몰고 온 이란 이라크 8년 전쟁
미완성 호메이니 궁전묘에 엎드려 기도하는
이란인들의 처절함
호메이니 혁명이 가져온 것은 전쟁과 종교 갈등
그리고 무엇을 더 얻을 수 있었나
호메이니 궁전묘에 발걸음이 멈춘다

사막의 저녁노을

용광로처럼 붉은 해 지평선에 기울고
어둔 그림자 드리우니
목자들의 맨발 발자국이 모래밭에 새겨진다
사막에 핀 야생화에 밤이슬 내리면
낙타 다리에 힘이 솟구치는데
사막의 역사를 창조하는 밤이 밀려오는 소리
저녁노을이 장관이다
억겁의 풍상에 깎이다가
사막 한복판에 우뚝 선 미완성의 자연구조물
모슬램의 쌀라 소리만 구슬프다

카스피해의 아침

철갑상어 알 캐비어의 고장
카스피해 위로 아침 해가 뜬다
잔잔한 파도 까마귀 소리
유두화 피는 숲속
까치소리 참새소리도 들린다
갈매기 무리지어 바다를 날고
산 너머 이란고원에서 불어오는 사막의 열풍
팔 벌려 가로막는 푸른 병풍산 봉우리
한 점 흰 구름이 그림으로 걸려있다
수평선 저쪽은 철의 장막
소련 땅이다

카타르의 밤

아라비아반도 동북쪽 해변 페르시아만灣에
오른 손바닥 바닷물에 담근 듯
인구 20만의 아주 작은 나라
카타르의 밤이 깊어간다
쉐라톤 도하호텔 후원 윤중제의 가로등 불빛이
유난히도 밝다 어둠이 삼켜버린
페르시아만의 밤바다
천고의 적막이 흐르고 밤하늘의 무수한 별들
저 건너 이란의 역사를 알고 있을까
기원전 550년 오리엔트를 통일한
페르시아의 키루스 왕
마라톤 공략에 나섰던 다리우스 대왕
기원전 330년 알렉산더에 무너진
페르시아의 수도 페르세폴리스 궁전이 불타던
그날 밤의 역사를…

페이톤으로 가는 길

일만 삼천의 섬들이 그물처럼 바다에 떠
일억 인구의 절반이 모여 사는 자바섬
서西자바에 자카르타가
동東자바에 수라바야가 있다
수라바야에서 동편 발리섬 쪽 페이톤으로
가는 길 소달구지 말마차가 덜컹댄다
평온한 마을에는 자전거 꽁무니에
매달려가는 여인네들 풀단을 머리에 이고
걸어가는 아낙들 우리 살던 고향냄새 풍긴다
시원한 벌판 사탕수수밭 담배농장
두 마리 결의소가 밭을 살고
야자수 그늘 망고 파파야 바나나 농장에는
생울타리 기어오르는 붉은 넝쿨이 열대의
햇볕을 받아 더욱 붉다
옹기종기 갈대지붕 촌락 길에는 소담스런
열대과일 좌판은 길손의 군침을 돌게 한다
버려진 듯 팽개쳐진 한 포기 풀에서도
생명력이 솟구치고 낚시를 던지면 물고기가
줄줄이 매달려 올라올 듯한 해변을 지나
3시간 남짓 가다보면 산을 깎고 바다 메워
콘크리트 치는 페이톤발전소 건설현장
신화의 일터가 있다

드골공항

여유 있게 기다리는 드골공항
대합실 창밖으로 내다보이는 활주로
뜨고 내리는 비행기들 한눈에 들어온다
뜨고 내리고 내리고 뜨고
뜨고 내림이 리드미컬해 흥미로운데
어디서 왔다가 어디로 가는가
인생 또한 그러하니
그러니 기다리는 프랑스 공항
우린 북극항로를 따라 날아가야 한다

그리스 관광

인류의 위대한 번영을 자랑하는
서구문명의 고향 그리스를 향해 홀가분하게
테헤란에서 아테네로 직행했다
넥타이 풀고 간소복 차림으로 유적지를 찾았다
고전적인 스타일이기는 하지만
고대 그리스에는
자유와 평등 민주주의가 발달해 있었다
비극의 아름다움을 탐구한 문학과 철학이
아테네 시민들의 정열
스파르타인들의 굳은 의지
세계정복 야망에 불타던 알렉산너의 꿈이
서려있는 여신의 땅 그리스

6·25 때 UN군으로 참전해 우리를 도운 나라
선박왕 오나시스에게 달려간 재클린 케네디가
세상을 놀라게 했던 나라
기원전 432년 완공된 파르테논 신전
아크로폴리스 언덕에서 에게해를 바라보는
반달형 아테네시 맞은 편 언덕에는 소크라테스가
옥살이 하던 바위굴 감옥이 있다

1453년 동로마제국 패망과 함께 오스만 터키 지배하에 들어갔던 그리스
해변 저녁식당에서 풍성했던 애깃거리만큼
잠이 쏟아졌다 그러나
이 나라의 역사만큼 오래되었을
캬라벨 호텔 옆방에서 들려오는 침댓소리가
여자의 신음소리가 여과 없이 들려오고 있었다

사막의 골프장

술이 없는 사우디아라비아
이방인의 유일한 휴식처는 골프장이다
잔디 없는 모래골프장 그린에만 경유를
뿌려 폭신하게 만들어 놓았다
어둠이 걷히고 지평선에 떠오르는 태양
정동진 해돋이만큼이나 이채롭게 보였다
지구를 돌아 서울 한복판에 떨어져라
풀스윙을 하고 싶을 정도로 지구가 둥글어 보인다
노알콜맥주 세분업 칵테일 한 잔으로
상쾌한 아침을 마신다
클럽하우스에는 필리핀 출신 남자 하나가 있을 뿐이다

제2부
중동건설 붐

우리의 자화상

1980대 출퇴근길 올림픽대로를 달리면서 바라본
한강의 물결은 수시로 변했다
세상이 조용할 때는 잔잔한 호수로
세상이 어지러우면 악어농장 같이 보였다
구심점을 잃고 살아온 이 시대
자고 나면 시위를 했고
터지는 최루탄에 시민들은 눈물을 펑펑 쏟아야 했다
쌀이 모자라 보리밥을 먹으라면 그랬고
야간작업도 군소리 없이 척척
도시락을 싸라면 순순히 따라주었다
월남파병도 마다한 적이 없고
불볕 사막에 가서 땀 흘리기를 여러 해
이렇듯 열심히 살던 우린데
뱃가죽에 기름기가 끼니 가관들이다

모래눈이 내린다

이스라엘 제3대왕
솔로몬의 지혜를 시험하러 갔던
시바의 여왕이 살던 나라 예멘으로 가는
고속도로에 모래기둥이 하늘로 치솟고
함박눈처럼 모래 눈이 내렸다
차창을 덮어 버린 모래
힘겹게 작동하던 윈도우브러시가 멈추고
차는 길가에 세워졌다

사막의 포성

사막에서 보는 황홀한 저녁노을
포성이 진동하는 중동 땅
이라크의 쿠웨이트 강점으로 시작된 전쟁은
사담 후세인 이라크 대통령을 고립시켰다

있는 자들의 환상
없는 자들의 환상
바빌론의 영광을 꿈꾸는 사담 후세인의 환상
각기 다른 환상이 엉켜 아라비아 양탄자를 타고
하늘을 날고 있는 중동 땅
정열적인 사막의 저녁노을은 퍽이나 환상적이다
이집트의 노예생활 400여년
바빌론에서 100여년
그도 모자라 2000여 년 나라 없는 유랑민으로
박해를 받은 유대인들의 기구한 역사가
지평선 끝에 매달려 있다

건설 공사현장 철탑 구조물에 저녁노을 투영하니
일손 털고 일어나면 고국이 그리워지는 시간
영국인 근로자도 가고
일본인 근로자도 떠나는데

왜 우리만 남아야하는가 집단 항의하는
타일랜드 필리핀 근로자들
양탄자 탄 페르시아만灣의 환상 뒤켠에서
은은하게 들려오는 포성砲聲이 사막에 깔린다
호텔 로비에 철없이 뛰어놀던
쿠웨이트 귀족 난민 어린이들 잠자리에 들었는가
부질없는 환상이 꼬리를 무는 사우디의 밤은
깊어만 가고 있다

흑해

바닷물에 손을 담가 본다
여느 바닷물처럼 검은 데가 없다 그런데 왜
하필이면 흑해黑海인가
이스탄불 앞 보스포러스 해협을 빠져나와
지중해로 진출하려던 러시아의 남하정책이
한반도를 노크하다가 멈췄다
러시아의 이루지 못한 흑심이 바닷물을
검게 한 건 아니다
바다 밑에서 파내는 토탄土炭 연기 찌든 이스탄불의 하늘
하늘에서 본 바닷물도 검다

돌산

사막 한 귀퉁이에 한국인들이 명명한 돌산
말이 돌산石山이지 만물의 형상을 조각한
조각작품 전시장 같다
사우디에서 요르단 국경 쪽으로 가는
산골짜기가 산인가하면 바위 같고
바위인가하면 웅장한 조각작품 전시장 같으니
이집트 왕 파라오에게 납품하려다 못한 것
예루살렘 성전에 받치려던
자연의 선물인가
파란 하늘은 출렁이는 바닷물 같아 바다 밑을
헤엄치는 금붕어 같은 우리들
기원전 1,500년 경 이집트를 탈출한 모세가
장정 60만을 데리고 40년간 모진 고생하던 곳은 아닐까
나무 한 그루 풀 한 포기 남기지 않고 모두
캐먹은 흔적이…

이스파한의 영화

세계의 절반이라 자랑하던 이란의 고도古都
부강과 번영이 집중되었던 이스파한은 실크로드의 중간지점

시내 한복판에는
옛날의 항수를 간직한 33개의 수문이 있는
소세풀 다리 밑을 흐르는 물은 바다가 아닌 사막
모래사장으로 스며들어 간다
다리 위에서는 손을 벌려 구걸하는 어린아이들
자리 펴고 앉아 한 푼 놓고 가기를 기다리는
차도르 여인들이 보인다
옛부터 페르시아에는 눈물단지란 게 있었다
길 떠난 남편을 기다리는 여인이
쓸쓸하여 눈물이 흐르면 단지에 담아두었다가
돌아온 남편에게 보이곤 하던 눈물단지
십자군 전쟁 때 출정하는 유럽인들은 사랑하는
아내에게 정조대를 채웠다지만 페르시아의
여인들은 사랑의 상징으로 눈물단지를 간직했다
소세풀 다리 위의 앉은 차도르 여인들은
이란 이라크의 8년 전쟁미망인들이라고 했다

이 여인에게는 눈물단지가 있어도
보여줄 남편이 없다
전쟁으로 버림받은 거리의 여인
이슬 머금은 꽃처럼 눈가에 서글픔이 애처롭다

이스파한에서 테헤란 가는 고속도로는
사막의 민둥산과 평야의 연속으로 물을 주면 금세
초원이 될 듯한 대지다 그 길을 따라 가다보면
테헤란 근교에 3%의 상류층을 추방하고
대중의 편에서 민족주의를 주창하던 호메이니의
무덤이 화려한 회교양식으로 축성되고 있다
체육관 같은 돔궁성 한가운데 유리관에 들어있는
그의 무덤에는 지폐와 동전이 쌓여가고
독재자 팔레비 왕을 몰아낸 이란인들
종교독재자 호메이니 무덤에 기도하는 모습이 이채롭다

자연형상

사막 야자대추 농장 숲속 바위 동굴
양란洋蘭 꽃봉우리 닮아
여심천女心川이라
이름 붙인 한국인들
여심천 입구 길 양편에 도열한
송이버섯 모양의 장군석 10여개도
남근석男根石이라 이름 붙여 놓았다

변혁의 시대

모터보트가 바다를 달린다
캐비어Caviar의 고장 카스피해 바다를
지구의 빙하기를 거치면서 사라진 공룡
꿈틀거리는 거대한 공룡의 영상이 아직도
우리에게 공포감을 주고 있다
저쪽 소련 땅에는
페레스트로이카를 외친 고르바초프
쿠데타 요원들에게 감금되었다가 풀려났다
모스크바 광장 혁명군 탱크에 올라
쿠데타 저지를 호소하던 옐친의 용기
70여 년 간 공산통치를 무너트리던 날
레닌의 동상은 쓰러지고
발트 3국의 독립
낫과 망치 얼싸안은 붉은 기가 내려온다
자유를 외치는 국민의 소리에
러시아가 달려온다
바닷가에 널부러진 유두화꽃 시들어가고
자유로운 갈매기만 하늘을 날고 있는데
무심코 조약돌 바닷물에 튕겨본다

북경의 하늘

초저녁 테헤란에서 이란항공에 올라
북경으로 가는 하늘은 칠흑같이 어두웠다
얼마나 지났을까
비행기에 하나밖에 없는 차도르 차림의
여승무원이 커튼을 내리라고 한다
틈새로 밝아오는 아침을 본다
밑에는 하얀 조개구름
위에는 파란 하늘
여객기동체에 햇살이 반사되어 눈부시다
시야에 들어오는 북경시는 썰렁하기만
소련 동구권이 개방되어 새 물결이 이는데
문 걸어 잠근 천안문 사태가 일어났으니
중국은 아직도 잠자고 있는가

보르네오의 천연가스

인도네시아
보르네오 섬의 천연가스
자카르타 바다를 건너 발리 팡팡 공항에서
한참을 기다리가 프로펠러 비행기를 탔다
봉땅 비행장을 거쳐
LNG BADAK으로 가는 길
바닷물과 습지 정글의 연속
지난여름 세계를 놀라게 한 산불의 흔적이
새싹을 피어 검푸르게 보인다
지구의 허파 구실을 한다는 삼림지대
귀족이 출입하는 별장지대 같은
보르네오 섬
땅에서 천연가스를 뽑아내는
공업단지 근무자들 어깨에 꽉 찬 자긍심
잘 정돈된 생활공간과 조화를 이룬다
지금은
파파노인이 되었을 한국의 젊은이들이
'남쪽나라 십자성은 어머님 얼굴' 하고
노래로 시름을 달래던 보르네오 섬
'보르네오 깊은 밤에 우는 저 새는' 하고
어린 시절 따라 부르며 아련하게 그리던
남쪽 나라 보르네오 섬의 바닷물이 잔잔하다

활화산

인도네시아에는
지프차를 빌려 타고 다시 조랑말로 오르다가
252계단을 올라가면 현기증 나게
내려다보이는 활화산이 있다
어느 순간에 다시 터지면 하늘로 솟았다가
저 깊은 분화구로 떨어질 것 같은 두려움
발길 돌려 내려와 안도하는데 부글부글 끓는
분화구 30여 군데가 더 있다고 했다
우리네 사고방식이라면
이는 분명 네덜란드 식민지 생활 300년의
한恨이 서려있는 분화구로 설명될 수도
일제식민지 36년 한恨의 10배가 넘으니

산장의 아침

산꼭대기 활화산
산골짝 천길 떨어지는 폭포수
열대림 우거진 산비탈의 호텔 창밖에서
들려오는 자연의 소리가 아침을 깨운다
꾀꼬리 소리
종달새 소리
산새들의 소리 산장의 아침이 상쾌하다

홍해의 야경

사우디아라비아
미항美港 제다
어둠속에 가려진 홍해紅海 바닷가
조각공원 가로등불이 칠흑의 바다 건너
이집트 하늘에는 작은 별들이
햇볕으로 달구어진 사막의 열기 속에
팔뚝 같은 새우 바베큐 익어가는 데
젊은 차도르 여인들 떼 지어 가니
잔잔한 파도 덩달아 춤추며 따라간다

기다리며 산다

사람들은 기다리며 산다
어제도 오늘도 기다린다
봄을 기다리다가 여름을 가을을
기다리다 겨울을 기다린다
둥근 것인지
모난 것인지 무엇인지도 모르면서
모가지 길게 빼고 기다리며 산다

사막을 달린다

고급 세단차가 사막을 달린다
땅 속에 석유가 흐르고 땅 위에 햇볕이
양떼와 낙타가 입질을 하고 사슴목장에는
타조도 있구나
낙타에 짐을 싣고 사막을 횡단하던
마호멧의 숨소리가 모래밭에 들리는 듯
흑백黑白으로
남녀가 유별한 사회
알라신을 부르는 쌀라 소리 고막을 찌른다
바람에 곱게 빗겨진 모래 언덕에는
선녀의 치맛자락 휘날리는 형상이 억겁의
정적 속에 황토색으로 빛나고
아스팔트에 어른거리는 신기루
그를 향해 고급 세단차가 달리고 있다
건설현장 따라…

싱가포르의 밤

방망이 같은 바다가재
솥뚜껑 같은 푸른 게
왕새우찜 안주에 뒤웅박 같은 야자수
수액으로 칵테일하고 후식으로 나온
듀리안의 구릿한 냄새 남국 포장마차 촌
싱가포르의 밤이 깊어간다
호텔 로비에는
하늘을 나는 사람들 떼 지어 들어온다
카트를 끌고 가방을 메고
초로의 숙녀도 있구나
검은 머리 금발머리 은발 머리 곱슬머리
시선이 마주칠 때면 직업의식의
눈인사로 미소진다
청공을 나는 젊은이들의 기백을 본다

인도의 아침

참새들이 재잘대고
비둘기 푸드덕 날아드는 뉴델리의 한인교회
한국인 소녀의 피아노 반주 우리말 찬송이
옹기종기
외로운 타국생활 사연도 많다
정겨운 인사 주고받으니 한국냄새 나는
일요 사교장 인도의 아침 코리언이 활기차다

부르나이 왕국

코타 키나발루 공항에서 부르나이로
들어가는 비행에서 국왕의 부친상을 이유로
입국자 모두에게 조의표시 완장 착용을 강요당했다
참으로 이상한 출장이다
그러나 강렬한 태양과 푸른 숲속의 저택

아름다운 꽃 그리고 맑은 공기가
파란 바닷물에 비친 야자수하며 아름다웠다
길거리에 주택가에 골프장에도
방아공이 같은 채유기採油機가
혼자 돌아가는 풍경만큼은 인상적이다

중동의 홍콩

도심을 관통하는 강으로 바다가 흐르고
갈매기도 땀이 나는지 강물에 뛰어든다
아랍에미리트 6개 토호국 중 하나
두바이Dubai는
나이트클럽 음악소리
술 마시는 사람들
이슬람의 이색지대로 햇살이 무척 따갑다
호르무스 해협에 포성은 물러가고 평온을
되찾은 이란 이라크에 우리의 건설사절단
다녀갔으니
중동의 홍콩으로 불리는 두바이에
활기가 넘쳐 흐른다

홍콩의 오수

인종이 물결치는 홍콩의 한낮
화물선 요트가 바다를 가르고 괴물 같은 여객기
뜨고 내리는 생명의 숨결이 지구를 뒤흔든다
집 가까이 왔다는 안도감에 눈두덩 짓눌러
오수午睡가 쏟아진다
늘어지게 자고 일어나 창밖을 본다
주말을 즐기는 젊은 커플들 호텔 앞 해변 벤치를
메우고 바닷가 오피스빌딩에 불이 켜지고
오색 유람선 따라 파도가 춤추며 뱃전을 때린다

바레인의 아침

걸프전쟁 분풀이로
이라크의 심술이 흘려보낸 원유가
시커멓게 흐르던 페르시아만의 섬나라
사우디로 가는 경유지 바레인 공항
밤비행기 내려 자고 일어나니
홀리데인 인 호텔
정원수 벤자민 이파리가 아침 햇살에
눈부시게 반짝이고 있다
서둘러 사우디아라비아로 가야지…

방콕의 하루

시원하게 뻗은 열대림 숲속에
드넓은 잔디밭 까무잡잡한 캐디 아가씨
스윙하는 드라이버가 땀에 감긴다
페어웨이 외곽을 흐르는 도랑물에 공이
떨어지면 '퐁당' 하고 웃었다
도랑물이 유난히도 많은 골프장이다
라운딩하며 계속되는 '퐁당'에
태국 캐디아가씨들 화장실 가리키며
손짓하는 사연 알고 보니
태국 화장실이 '퐁낭'이라고 했다

까투리 가족

어스름 저녁
우면산 숲속에
꿩의 병아리 거느리고 먹이 찾아
바삐 움직이던 까투리 가족들이
사소한 내 인기척에
꽁지가 빠져라 줄행랑을 친다
안 그래도 되는데
미안하게

제3부
서안의 아침

카타콤 예술

카톨릭교회가 로마제국에 뿌리를 내리기까지
박해 순교 교리논쟁 등 숱한 역경을 이겨내야 했다
신자들은 수공업자 상인 서민층 노예들로
그리스도교를 일러 여자와 아이들과 노예들의 교회라 공격했다
불안하던 박해시대의 기독교도들은 카타콤 지하묘지에서 예배를 보았다
카타콤에서는 이교도 유대교 신도도 로마의 보호를 받을 수 있었다
카타콤은 수도 로마를 비롯해
나폴리 시라크사 몰타 알렉산드리아 등지에
산재해 있고 규모가 큰 카타콤 35개가 로마에서 발견됐다
이들의 총 연장 거리가 560km나 된다
서울에서 부산 간 거리 420km보다 길었다
암석을 파내 만든 카타콤 묘실
탁자 모양의 묘와 아치형의 벽감으로 천정과
벽에는 초목 짐승 물고기 기적 세례 장면
예배 장면 등이 그려져 있다

강태공의 낚시터

서안西安으로 가는 길에
강태공의 낚시터 위수渭水를 지난다
중국 최초의 은왕조 말기에 일어난 주周나라는
위수 경수를 근거로 발전 기원전 1100년의
무왕武王은 호고鎬高에 도읍 주왕조를 건국
강태공은 무왕을 섬긴 정치가로
곧은 낚시로 세월을 낚았다고 전해지고 있다
호고鎬高는
진시황제秦始皇帝 때 함양咸陽
한漢나라 때 장안長安
수隋나라 때 대흥大興
당唐나라는 다시 장안長安으로 바뀌었다
장개석 국민정부는 이를 서안西安으로 고쳐
중국식으로 '시안'이라 발음한다

세월이 한참 지나간 자리
강태공의 낚시터는 실개천으로 변해있었고
크고 작은 고분군古墳群 250여 개가
시안을 감싸고 있다

불로장생의 꿈

중국 역사에 새로운 시대의 장을 연 진시황제
현세現世에서 모든 욕망을 이루고 사후死後
궁전까지 마련한 그가 추구한 것은
불로장생不老長生 즉 늙지 않고 오래 살고자 함이었다
전국시대로부터 동방 해안지방에는
아득한 동방바다 가운데 봉래산蓬來山이 있어
불로불사의 선인仙人이 산다고 믿고 있었다
기원전 219년
진시황제가 천하를 순유할 때 제齊의 방사
서복이라는 이가 동방해상에 봉래 방장 영주의
삼신산에 선인을 만나고 오겠노라 진언하였다
방사方士는 불로장생의 술術을 배우고
신약 처방을 하는 사람이다
시황제는 많은 배를 준비하여 출발시켰으나
강풍으로 되돌아왔다
기원전 210년 시황제는 불사의 선약을 직접
구하고자 순행길에 나서 평원진까지 갔다가
거기서 병을 얻어 귀경길에 죽었다
그의 나이 50세였다

진시황의 여산능

진시황제의 여산능驪山陵
멀리서 보면 푸른 동산 가까이 가 보니
주황색 석류꽃이 만개하였다
290계단 언덕 세며 올라가니 황사바람에
나부끼는 깃발이 거세다
여산능에서 25리나 떨어진 땅속에서
출토된 병마용兵馬俑자연박물관엔 부서진
토용土俑 조각 복원 작업이 한창이었다
과연 진시황이었다

서안의 아침

한漢나라의 수도 장안長安
무제武帝 BC141~87가 살던 장안
관광에 갈증을 느껴 이른 아침 호텔 창문의 커텐을
열고 날이 밝기를 기다렸다 어제 본 소안탑小雁塔
당나라 현장법사가 세운 사찰이 그것이다
서안은 옛날 동북아의 중심으로 모든 길이
장안長安으로 통하던 시절 중국역사 동양역사
고구려 백제 신라의 역사
이들 역사가 혼재한 서안의 거리
천년고도 서라벌의 거리 풍경을 연상케 하였다
김춘추가 당나라에 청병한 이후 복장과 머리 모양새가
당나라 풍이던 환영이 머리를 스치고 지나 간다
서기 660년 3월 황산벌의
계백과 관창
백제군 5천의 결사대
김유신의 5만 군사
소정방의 당나라군사 13만도 함께…

만리장성

만리장성萬里長城
춘추전국 시대를 살다간 사람들의 흔적
진시황제의 중국통일
백성들의 노역으로 쌓아 올린 성돌
첩첩산중으로 돌고 돌아 만리에 뻗어
날씨 좋아 100리 바라보고 만리장성
보았노라!
집사람은 케이블카를 타고 내려오면서
판소리 '만고강산' 한 소절을 불러
관광분위기를 바꾼 일이
기억에 남아 있다

산새도 깃털을 남긴다

속박이 싫어서
손목시계를 차지 않던 내가
핸드폰도 거부하던 내가 이제는 그토록
정들고 애착하던 나의 일터를 떠나야 한다
시골로 내려가 글이나 써야지
산새도 날 때는 깃털을 남긴다 하던데
나에겐 남길 게 없구나
아무것도

초행길 홍성

이제까지 무얼 하다가
처음 타보는 장항선 하행열차
천안 온양온천 도고온천 예산 삽교를 지나
홍성엘 간다
두 시간 남짓한 거리 홍성엔
고려말 명장 최 영
사육신 성삼문
청산리 전투 김좌진
승려시인 한용운
걸출한 인물을 배출한 고장이라
역사의 냄새가 물씬 난다
내가 태어서 처음 오는 곳이기도 하다
아메리카 대륙을 발견한 콜럼버스의
심정은 아닐지라도…

가는 세월

박정희 대통령이 차려놓은 진수성찬
밥상 앞에 앉은 전두환
숟가락 달랑 하나 들고 따라앉은 노태우
밥상에 재를 뿌린 김영삼
구경하던 김종필 최규하 정승화 밀어내고
실속을 챙긴 김대중
아들 병역 때문에 떨어진 이회창
방앗간의 참새들 재잘거림 속에 얼룩진
한 세대가 지나가고 있다
가는 세월 누가 막겠는가
이제는
누구를 찍어야 하나
며칠 앞으로 다가온 대통령 선거
오늘따라 가랑비가 내린다
안개 자욱한 홍주성에 한나라당 이회창 후보
민주당의 노무현 후보 모두 안 된다는
양비론의 충청도 맹주가
자민련의 김종필 총재가 홍성에서
기자회견을 했다
날씨도 몽니를 부리는가
찌푸린 날씨에 확성기가 혼자 돌아간다

누구를 찍어야 하나?
바람 소리가 을씨년스럽다

아침을 달린다

아침을 달린다
넓은 벌판을 달린다
장항선 하행열차 타고 달린다
간밤에 내린 비로 산뜻해진 산과 들
미풍에 흔들리는 논배미의 잔잔한 물결
화원 같은 밭 산기슭에는 평화스런 마을
차창밖에 비춰오는 아침 햇살
장항선 열차가 달린다
낯 설은 홍성으로

노무현 대통령 당선

뭔가를 보여줄 것 같던
한국미래연합의 박근혜 대표
국민통합21 정몽준 대권후보의 만남이 무산되고
이회창 대세론으로 위기를 느낀
노무현과 정몽준
후보단일화에 성공하고도 무슨 생각으로
공동유세 마지막 날 노무현 지지를 철회한
정몽준이 머쓱하게 노무현 후보가 대통령이 됐다
사려 깊지 못한 판단에 송구스러워한 정몽준
어! 어! 하다가 물에 빠진 사람처럼
민망한 사람이 어디 그쪽뿐이겠소

내 보따리

나는 서울에 처음 올 때
일동면 외갓집 산판에서 생산되는
소나무장작 운반 트럭을 타고 올라왔다
목탄차木炭車 장작더미 위에서
밧줄을 움켜쥐고…
신읍을 지나 축석령 고개를 넘을 때는
힘이 달려 차에서 내려 밀어야 했다
곧 6·25가 일어났다
전후의 생활은 말이 아니었다
국토는 파괴되고 자원도 기술도 없는 나라
5천년 가난을 숙명처럼 살아오던
우리가 '한강의 기적'을 만들었다
그러나
물에 빠진 사람이
'내 보따리' 내놓으라 한다
민주화… 민주화… 내 보따리?
민주화에 걸신들린 사람들
내 보따리만 내놓으라고 아우성치고 있다

덩덩 덩덕궁!

한일월드컵 4강 신화의 한국축구
광화문에 운집한 붉은 악마의 아우성 소리
미국 장갑차에 숨진 두 소녀를 추모하는 날
촛불시위가 벌어졌다
2002년 12월 19일 IT강국 한국 네티즌들
서민대통령 탄생시키고 춤을 추었다
덩덩 덩덕쿵!
배뱅이도 나오고 각설이도 나왔다
386 코찡찡이 외눈박이
북한 갔던 만경대 정신도 살아 돌아왔다
광화문 삼일문 충의사 현판은 누가 썼느냐
그것도 때려부숴라! 얼쑤…
피아골 빨치산 장백산 산신령 모두 나오라!
덩덩 덩덕궁!

보령호 가는 길

사람의 발길을 거부하는 보령호保寧湖
주변 계곡에서 신선함이 녹아내리는 보령호는
2개 시와 3개 군의 식수원이다
6년 공사로 1998년 완공된 인공호수로
수질보존을 위해 사람들의 접근을 막고 있다
보령호 가는 길에는
성주산 탄광지대를 기념하는 석탄박물관이
계곡에는 웅천오석熊川烏石 전시장이 있다
우리사회는 지금 진보의 기치를 든
신세대가
386세대가
구세대를 무기력하게 짓누르려 하고 있다
보수와 진보!
그러나 웅천오석은 말이 없다

레이니어 등산

토요일 아침
해발 4,392m 산봉우리에
만년설을 보려고 국립공원 마운트 레이니어에
등산을 떠났다 차를 타고 구비구비 비탈길을
돌아 만년설 초입까지 올라온 기분은
상쾌하다는 말보다는 신비하다는 말이 어울릴
정도였다 온종일 하늘이 맑은 것도 고마웠다
인디언들이 이 높은 산에서 사냥을 했을까
심호흡을 해본다

취임 8개월간을 좌충우돌하던 노무현 대통령이
김구 선생을 실패한 정치인이라고
말할 수 있는 용기
성공한 정치인
실패한 정치인
그 판정은 누가 하는 것인가
약자논리와 정치논리에 흔들린 우리의 역사
성공한 정친인보다 실패한 정치인이 존경받는
이유는 무엇일까
아메리카대륙의 역사가 궁금해지기 시작한다

시애틀의 겨울

숲 사이로 별장지대 같은 페더럴웨이시市
10월에 접어들면서 맑은 날보다 비오는 날이
많아 하루에도 일기변화가 심해 시애틀의
겨울 날씨를 변덕쟁이에 비유한다고
2003년 10월 초순
아침 등굣길 마을 언덕 사거리에서
신호 대기 중 뒷좌석의 초등학교 4학년
외손녀가 호들갑을 떨었다
"Beautiful! very very beautiful! 할아버지!"
마운트 레이니어 Maunt Rainiar 산봉우리의
만년설이 흰 구름사이로 모습을 들어내면서
아침햇살을 받아 마치 성화聖畵처럼 아름다웠다

레이니어 산은 시애틀의 명산이다
산이 보이는 집은 집값이 높을 정도로…

그런데 손녀를 등교시켜놓고 집으로 혼자 돌아올 때
칠흑 같은 먹구름 사이로 비가 쏟아지기 시작
홍수경보가 내려지고 온종일 6인치의 비가 쏟아졌다
1959년 3.5인치의 강수량 이후 처음이라 했다

콜럼버스 데이

10월 12일은 미국의 국경일이다
1492년 아메리카 대륙을 발견한 콜럼버스의
공로를 기념하는 날이다
이탈리아를 중심으로 일어난 르네상스의
자유로운 탐구정신은 근대과학의 초석이었다
이 시대의 유럽인들은
새로운 섬
새로운 땅
새로운 바다를 찾아 나섰다
1486년 디아스의 희망봉 도달
1492년 콜럼버스의 신대륙 발견
1500년 바스코다가마의 인도항로 개발
1522년 마젤란의 세계일주 등 지리상의 발견으로
대변되는 대항해시대에 행해진 새로운 항로와
신대륙의 발견은 유럽의 전 세계의 팽창과
확대의 계기가 됐다
이때 우리 나라는
조선 제9대왕 성종과 폐비 윤씨 사이에서
태어난 연산군燕山君 1494~1506의 시대였다

벤쿠버 관광

아침 일찍 타코마 팔도식품에서 출발한
광관버스가 페더럴웨이 팔도식품에 도착했다
우리 일행을 태우고 시애틀을 지나
린우드 팔도식품에서 또 한 사람을 태우고
20여명이 캐나다 국경을 넘었다
1일 관광에 6개월 체류기간을 승인하는
캐나다 이민국 여직원의 손이 크게 보였다
벤쿠버는 듣던 대로 매우 아름다운 도시로
북아메리카 대륙 서해안에서 내륙을 따라
일직선으로 그어진 국경선만 아니라면
벤쿠버나 시애틀이나 모두 인디언의 땅이었고
사냥터였을 것이다

지리상의 발견

박정희식 경제정책을 모델로 성공한
말레이시아 마하티르 총리가 집권 22년 만에
퇴임하면서 쫓겨나는 것보다 내 발로 걸어가는
것이 좋아 스스로 물러난다고 해
세계가 주목하고 있다
서양사는
마야 아즈텍 잉카 등으로 대표되는
아메리카 인디언 사회가 1492년 콜럼버스가
신대륙에 다녀간 후 백색의 신이 아닌 이방의
침략자에게 정복되고 철저히 파괴되어가는
인디언 몰락의 역사를 지리상地理上의
위대한 발견이라고 자랑하고 있다

우리의 역사는
남 잘되는 꼴을 못 봐
성공한 지도자를 깎아내리고
실패한 정치인을 치켜세우며
충신 애국자 열사의 반열에 올려놓고
우리는 평화를 사랑하고 남의 나라를 침략한
일이 없는 선량한 민족이라고 한다
과연 그럴까

호떡집 대한민국

2004년 9월 9일
전직총리 국회의장 등 각계원로들이
대한민국을 위기로부터 구출하자고 호소하였다
이들 450여 명은 서울 프레스센터에서
자유주의 수호를 위한 시국선언을 갖고 아직
적화통일은 안 됐지만 대한민국은 이미
공산화된 것이나 다름없다
정부는 수도 이전 국가보안법 폐지 친일 등
과거청산 언론개혁 사학법 개정의 일방적 추진을
중단하고 모든 권력을 경제와 안보 등
현안해결에 집중하라고 했다
같은 날 한나라당 박근혜 대표는 기자회견에서
"모든 것을 걸고 보안법폐지를 막아내겠다"고 했다
10월 4일에는
나라걱정 300여 사회 종교단체와 시민 10만명이
'국가보안법 수호 국민대회'가 열린 서울시청
광장을 꽉 메웠다

제4부
손자 눈에 비친 내 모습

마음의 빚

시애틀 두 번째 방문인
2004년 12월 30일 새벽 3시에 복통이 왔다
급한 나머지 김 서방은 종합병원으로 나를 싣고
달려 응급실 앞에 도착했을 때 통증이 멎었다
신장결석을 경험한 나는 자가진단을 했다
마음의 여유가 생겨 작은 병원으로 가자고 해
차를 돌려 집으로 돌아왔다
아침식사를 하고 간 한국인 병원에서 맹장이란
진단한 결과가 나왔다
수술은 큰 병원으로 가라고 해
종합병원에서 초음파검사 혈액검사 MRI 촬영 후
복막염이란 진단을 받고 수술실에 들어간 것은
12월 31일 새벽 1시 경이었다
두 시간이면 된다던 수술이 4시간 가까이 걸리자
수술실 밖에서 기다리던 집사람은 초조했다
딸 내외와 친구들까지

2005년 1월 4일 퇴원하는 날이다
우람한 체격의 흑인 간호사가 휠체어를 가지고 와
타라고 해 걸어갈 수 있다고 하자 김서방이
눈짓으로 타라고 해 올라앉았다

치료비 청구도 집에 가서 기다리고
수술 전에 서약서와 착수금을 지불하지도 않았다
복도를 나오며 손을 흔들어 인사하는 사람들을
뒤로하고 현관문까지 밀고 나온 간호사는
차에 태워주고 들어갔다
이게 미국식 퇴원절차라고 했다

2005년 1월 20일 치료비청구서가 우송되었다
5만1천 달러, 우리 돈으로 5천5백만 원이다
의외의 고액 치료비였다
한국에서 맹장수술비는 220만원이라 했다
병원에 근무하면서 미국 공인회계사 자격을 취득한
김서방은 이의신청서를 작성했다
이의신청서에 대한 결정은 기각
25% 감면
50% 감면
전액 감면 등 4가지였다
2월 5일 결정통보가 배달되어 왔다
고령高齡인데다가 방문객訪問客이었고
지병이 아닌 응급환자라는 감면요건이 충족되어
전액 감면되었다

이렇게 고마울 수가 없다
병원을 찾아가 고맙다는 인사를 해야지
그러나 미국의 의료시스템이 결정한 것이므로
누구를 찾아가 인사할 사안이 아니라고 했다

귀국하는 날
아이들을 학교에 등교시켜주고
차를 몰아 병원으로 갔다 이른 아침 현관 앞은
조용하였다 운전석에 앉은 채 고개 숙여 감사를
표하였다 퇴원 후 몸조리하라고 친구들까지 동원해
좋은 음식과 곰쓸개를 동째로 구해온 김서방의
정성도 마음의 빚으로 남아있다

청둥오리

페더럴 웨이시 시市
동네 잔디공원 호수湖水 경고판에는
'물에 빠지면 당신의 책임입니다'
라고 쓰여 있다
어느 날 자전거 타고 잔디밭을 지나가자
한 무리의 청둥오리 떼 허둥대며 호수로
뛰어들었다
물에 빠지면 책임지지 않는다는데
한국의 민주투사가 아니니 보상도 못 받을
것이고 저렇게 뛰어들면 어쩌나
어떻게 하려고
줄줄이

미시간주로 가는 길

2006년 여름 시애틀 세 번째 방문 때
시애틀에서 미시간주로 가는 비행기를 탔다
비행기로 콜로라도주 덴버까지 2시간 35분
다시 미시간주 디트로이트까지 2시간 45분
주도州都 랜싱Lansing까지 자동차로
1시간 30분이 걸린다

하늘에서 내려다본 시애틀
명산 만년설의 레이니어산이 보이고
눈덮인 로키산맥이 시야에 들어온다
황토흙 광야가 전개되다가
콜로라도 덴버공항에 착륙해
디트로이트로 가는 비행기를 갈아탔다
갈수록 녹색지대가 바둑판처럼 그려진 농장과
반짝이는 호수 위를 지나가고 있다
5대호 중 슈피리어호 미시간호 휴런호 이리호에 둘러싸인
미시간주의 디트로이트 공항에 내리니
최 서방 내외와 외손자 남매 네 식구가 나왔다
시애틀과의 시차는 3시간
미시간 주의 시계가 3시간 빨리 가고 있다
렌싱으로 1시간 30분의 거리의 도로변에는

활엽수가 뭉게구름처럼 둥굴둥굴해
침엽수의 고장 시애틀과는 확연히 달라보였다

나이아가라 폭포

최서방이 운전대를 잡고
딸 외손자 손녀와 함께 1박2일 여행을 떠났다
랜싱에서 캐나다 국경까지는 2시간의 거리
5대호 중 휴런호와 이리호를 연결하는 운하가
미국과 캐나다의 국경선으로 캐나다세관에서
입국수속을 하고 캐나다의 첫 도시 런던을 지나
파리 옥스포드 링컨 몬트리올 퀘백 등등
귀에 익은 도시가 교통표지판에 등장한다
온타리오호 해변의 도시 헤밀턴에서
넓은 밀밭 평원을 지나 나이아가라 폭포까지는
6시간이 걸렸다

5대호 중 미시간호는 미국의 단독 소유이고
슈피리어호 휴런호 이리호 온타리오호 등 4개는
미국과 캐나다의 공유호수다
호수 가운데로 국경선이 그어졌고 이들 호수는
운하를 파서 수로를 연결했다
넘치는 물은 흐르고 흘러 온타리오호를 흐르다가
대서양으로 흘러들어간다
나이아가라 폭포!
이리호와 온타리오호를 연결하는 나이아가라 강

미국 쪽 나이아가라 강에서 흐르는 물이
캐나다 쪽으로 떨어지면서 폭포의 장관을 이룬다
그래서 캐나다 쪽에서 보는 폭포가 장관이다
미국과 캐나다를 연결하는 레인보우 부리지
무지개다리 양편에 2개의 도시
나이아가라 폴스Naigara Falls가 있다

인구 61,800명의 뉴욕주의 나이아가라 폴스
인구 75,000명의 온타리오주 나이아가라 폴스
관광객이 캐나다 쪽으로 몰린다
넓다란 나이아가라 강폭을 가득 흐르는 강물
노도와 같이 꿈틀거리며 밀려오다가 곤두박질 치는
강물에서 지구의 생명력을 본다
석유가 없고 황금이 없어도 생물은 살아갈 수 있다
그러나 물이 없으면 살지 못한다
뿌연 물안개에 무지개가 살짝 드리운다
생명의 빛이…

회상

시애틀과 미시간 주를 두루 돌아보면서
내 젊은 날을 되돌아본다
일제강점기 치하에서 태어나
초등학교 4학년에 8·15해방을 맞았고
중학교 2학년 때 6·25동란이 일어났다
남쪽으로 피난을 갔다가 상경했을 때
서울은 폐허가 되어 있었다
그 암담하던 시절 미군부대에서 흘러나온
사지쓰봉 파카 도꾸리샤쓰 하나 염색해서 입고 있으면
자랑스러웠던 학창시절
그나마 학업을 계속할 수 있었다는 게 나에게는 행운이었다
고등학교 1학년 때 휴전협정이
대학 2학년에 학보병으로 입대
3학년에 4·19가,
4학년에 5·16혁명이 일어났다
대학을 졸업하고도 취직이 안 돼 놀고먹던 선배들에 비하면
졸업 후에 곧바로 사회에 진출할 수 있었던 것도 행운이었다

그 어려웠던 생활 속에서도
어렴풋이나마 미국유학을 꿈꾸던 기억을 더듬어본다

시애틀에서 공인회계사 일을 하고 있는 김 서방
공직에 있으면서 가족과 함께 국비로 유학 온 최 서방
이들은 한 세대 늦게 태어난 386세대다
이들 386세가 참여정부를 출범시켜 이제 5년 마지막 임기를 남겨놓고 있다
그동안 많은 변화를 보았다
꿈같은 이야기다

랜싱의 한국인촌

넓게 자리 잡은 저택풍의 3층 아파트
유학생가족이 옹기종기 모여 사는 아파트촌이다
아침 일찍 산책을 나서면 사방에서
드려오는 산새 울음소리
산토끼 고라니 너구리 그리고 낯선 짐승들
야생동물원을 구경하는 것 같다
앞 번호판이 없는 미시간의 자동차들
눈이 많이 오는 고장답게
육중한 슬레이트 지붕의 주차장
까마귀 소리가 들리지 않은 것이 특이했다
7월 무더위 활엽수 우거진 숲 속에서
온갖 새소리가 들려오는 아침
골프채를 준비하는 손길
한국인촌의 아침은 이렇게 시작되었다

미시간호

넓은 것
파도치는 것
모래사장도 모두가 바다 같은
송화 가루처럼 고운 모래사장을 걷는다
걸음마다 쟁그랑하고 쇳소리가 난다
푸르고 웅장한 저 수평선 너머에는
무엇이 있을까
이루지 못한 꿈이
보고 싶은 사람도 있을 것이다
서세동점시대의 한국인들의 모습이
서부개척시대에 먼지바람을 일으키며 달리는
백인들의 포장마차 행렬이 보이는 듯
뚜벅뚜벅 걸어가는 모래사장 저편에서
손자 손녀가 모래장난을 하고 있다
모래사장과 수평선
푸른 하늘과 파도가 어우러진
청정한 호숫가에 수영복의 젊은이들이
삼삼오오 일광욕을 즐기는 모습이 아름답다

3대가 치는 골프

한국에서 골프를 즐긴다는 것은 쉽지 않다
입장료가 비싸고 부킹도 어렵다
귀족운동 취급으로 계층 간 위화감을 부른다 해서
적절치 않은 골프를 쳤다고
국무총리가 옷을 벗고 물러난 일도 있다
그러나 미시간 주는 다른 세상이다
연회비 1,200달러로 세 식구가 1년간 원하는
시간에 골프를 칠 수 있다고 했다
딸은 미국에 와서
3대가 함께 치는 골프가 부럽더라고 해
구색을 맞춰 3대가 쳐보자고 따라나섰는데
다행이도 드라이브가 잘 맞았다
딸아이는 무엇이 부족했던지 오후에도
아들을 데리고 나가 둘이서 골프를 치고 돌아왔다
그러나 미국의 독립기념일인 2006년 7월 4일
북한이 쏘아올린 미사일로 미국 TV방송들이
하루 종일 떠들썩했다

샌프란시스코

처음 온 샌프란시스코
작은 아들이 야후YAHOO! 코리아에서
미국 본사로 발령받고 쿠퍼티노Cupertino로 이사해왔다
야후타운은 인접도시 서니베일에 있고
쿠퍼티노에는 애플타운이 그리고 구글 등
크고 작은 IT회사들이 밀집해 있는 16개 도시
일대를 실리콘벨리Sillcon Valley라고 한다
2008년 11월부터 실시하는
무비자 입국으로 2009년 11월까지 1년간
입국자수는 대한항공의 경우 93,000명으로
LA 28,000명 하와이 15,000명 뉴욕 15,000명
애틀란타 7,000명 샌프란시스코 4,000명
기타 24,000명으로 나타났다
샌프란시스코는 5위이다

손자 눈에 비친 내 모습

주말이 되어 금문교와 야후타운을 둘러보았다
초등학교 2학년의 손자는 장난감 만들기를
좋아해 Star Wars 장난감을 사주었다
부품이 1,034개의 대형 군함 조립 설명서를
펴놓고 시작해 이틀 만에 완성해 놓았다
장난감 조립을 하면서
읽어달라는 동화책을 읽다가 평소에 보지
못한 생소한 단어가 있어 머뭇거렸다
"할아버지 왜 그러세요?"
하고 다가앉더니 그건 이렇게 읽는 거야요
발음을 알려주어 놀랐다
미국에 온지 1년 남짓한 녀석이
어느 날인가
입고 간 옷이 단벌이라 쇼핑몰엘 갔다
Fitting Room에 가면 따라와서 번호표를
받아 건네주고 옷을 입어보고 나올 때까지
지키고 있다가 같이 돌아오곤 하며
챙겨주는 아이다
화장실에도 따라다녔다
어느 날 남자화장실에서 대청소를 하였다
앞서가서 뭐라고 하니까 옆의 화장실을 가리키며

그리로 가라고 하였다
“저기는 여자화장실 아니예요?”하는 투였다
그러자 멕시코인인 듯한 그 사람은 청소를 하니까
그래도 된다는 제스쳐를 보였다
그제서야 나에게로 달려와
“할아버지 여자화장실을 써도 된데요”
용변을 보고 나오니까 덩치 큰 백인여성 앞에
그녀석이 버티고 서 있었다

운전을 하고 가던 애비가 농담을 걸었다
“응주야 나는 안 챙기면서 왜 할아버지만 챙겨?”
기다렸다는 듯이 속사포를 쏘듯
“아버지는 나보다 영어를 잘하지 않아요?
할아버지는 나보다 영어를 못하니까 그러지요!”

우면산 돌담불

내가 『성공한국사』와 『한국현대사』를 집필하는 동안
많은 사건이 있었다
미국 9.11테러의 배후 테러조직 알카에다의 지도자
오사마 빈 라덴이 미군특수부대에 의해 사살되고
발명가이자 가장 성공한 기업가로 칭송받던 애플Apple 창업자
스티브 잡스가 타계했다
42년간 리비아를 통치하던 무아마르 카다피가
혁명시민군에게 생포되어 폭행으로 죽는 등
어수선한 가운데
2011년 7월 27일 우면산 산사태가 났다
산사태로 망가진 우면산
30여년 애정을 가지고 오르내리던 우면산에
무심코 흩어진 돌을 하루에 몇 개씩 모으기 시작했다
돌탑을 만들까
그러나 몇 번인가 무너져 내리곤 했다
무너지면 다시 쌓고 쌓으면 무너지기를 5년여
모양새 없는 돌담불이 되고 말았다
그러다가 2017년 추석秋夕 무렵 천사가 나타나
돌담불 양 옆으로 길을 내 오작교까지 연결
자갈을 깔고 각종 꽃나무를 심고 벤치를 설치해

서울특별시가 '생태 서식공간' 표지판을 세웠다

서울특별시가 참 고맙다

격동시대

국보1호인 숭례문이 불에 탔다[1)]
2월 25일 이명박 대통령의 취임식에 이어
4월 9일 총선의 승자는 한나라당 박근혜였다
노무현 대통령 탄핵바람을 타고
지난 총선 때 국회에 대거 입성한 열린우리당
초선의원 108명 중 386세대 당선자는 31명뿐이었다
2008년 5월 6일 밤
미국산 쇠고기 수입반대 촛불집회가 열려
광우병 국민대책회의는 6월 5일부터 7일까지
연속 촛불집회에 돌입해 광우병국민대책회의가
정치투쟁으로 변질되었다
9월 28일 미국 월가의 금융위기의 시작과
11월 4일 버락 오바마 대통령이 당선되었다
2009년 4월 30일 전직 대통령으로서는
세 번째로 재직 중 비리혐의로 검찰에 조사받던
노무현 전 대통령은 5월 23일 이른 아침
경남 김해 봉하마을 뒷산 부엉이바위에 올라
45m 절벽 아래로 투신 자살했다

---

1) 2008년 2월 10일 오후 9시경

8월 18일 김대중 대통령이 세브란스병원에서 폐렴으로 서거했다

깜빡하는 사이에 일어나 일들이었다

격동의 시대다

격세지감

학교를 마치고 온 손자를
곧바로 차에 태워 수영장으로 직행했다

좋은 시설에 수영복 물안경을 쓰고
백인남자가 지도하는 대로
자연스럽게 따라하는 모습이 대견해보였다

나 어린 시절
베잠뱅이 훌렁 벗어 풀밭에 던져놓고
저수지에서 알몸으로 개헤엄 치던 시절이 떠올랐다

천안함 폭침

서해 백령도 인근 해역에서 해군 제2함대사령부 소속
1200톤급 초계함인 천안함이 북한 어뢰 공격으로 침몰해[2)]
전체 승조원 104명 중 46명이 전사했다
금강산 관광은 북한 초병의 박왕자 사살[3)]로 중단됐다
북한은 진상규명 재발방지 관광객 신변안정조항 등의
조치만 하면 관광을 재개할 수 있었으나
책임을 우리에게 떠넘겨 사태를 악화시켰다
천안함 폭침에 이어
금강산 지구 내의 이산가족면회소 등
남측 부동산을 몰수하고 현대아산 협력업체가
투자한 3,500억 원의 부동산을 동결한다고 했다
그들은 또 연평도를 포격하였다[4)]
우리 해병대 2명이 전사하고 16명이 부상
민간인 2명도 사망했다
갈수록 가관이다

---

2) 2010년 3월 26일 오후 9시 반경
3) 1998년 11월에 시작해 2008년 7월 중단됨
4) 2010년 11월 23일

정情

1980년대 중동에 출장가면 반겨주던 현지
회계담당 한 과장과 정 차장
출장에 늘 동행해준 본사의 김 이사
지금은 각자 하는 일이 서로 다르고 직위도
높지만 이렇게 넷이서 점심을 같이 했다
중동 건설경기 호황으로 활기차던 시절
지금도 만나면 한 식구 같이 할 말이 풍성해
부담 없이 주고받는 즐거운 이야기들 벌써
40여년의 세월이 흘렀지만 좋은 추억을
간직한 사람들이 함께 나눌 수 있는
정담情談
세월이 가도 인정이 넘치는 자리였다

강철왕 서거

한국의 강철왕 박태준 포항제철명예회장이 서거[5]했다
박태준이 박정희를 만난 건 21세 때
육사 6기생도로 박정희는 탄도학을 강의하던
교관으로 5 16혁명 때 박정희는 박태준을
거사 명단에서 제외시켰다
"실패할 경우 내 처자를 부탁한다"
혁명에 성공한 박정희 대통령은
박태준을 종합제철소건설추진위원장으로 임명[6]
"나는 경부고속도로를 책임질 테니 자네는
제철소를 맡게"
첫 쇳물이 쏟아졌다[7]
중국의 덩샤오핑鄧小平이 신일본제철에
중국에도 포항제철과 같은 제철소를 지어달라[8]고 했다가
"중국에는 박태준이 없지 않느냐"는
대답을 들었다는 일화가 있다

---

5) 2011년 12월 13일
6) 1967년 11월
7) 1973년 6월 9일
8) 1978년

우면산 산사태

우면산에서 산사태가 발생[9]해
16명이 숨지고 3명이 실종됐다

산업화에서 민주화로 넘어오는 전환기에 집권한 김영삼
슬기롭지 못한 대처에 민주화는 빛나가기 시작했다
1993년 탄생한 문민정부의 전통은 상해임시정부라고 선언하면서 혼란을 초래하였다
3당 합당으로 대통령이 된 그는 합당정신을 깨고 협조자와 측근들을 모두 적敵으로 만들었다
채마밭에 뛰어든 송아지처럼 길길이 뛰다가 모두에게 상처를 입히고
결국은 국가적으로도 총체적 위기를 초래하였다
마치 속수무책으로 당한 우면산 산사태와 흡사했다.

우면산 산사태는 일반인뿐만 아니라 전문가들까지도 깜짝 놀라게 했다
발생규모는 크지 않지만 그 기세와 이동특성 그리고 피해형태는 지금까지 관측된 세계적인 토석류土石流현상과 비교할 만하기 때문이라고 했다

---

9) 2011년 7월 27일 오전 8~10시

산사태로 피해를 당한 방배동 래미안 방배아트빌에서 이 장면을 지켜본 주민은

"우르르하는 소리가 울리더니 갑자기 남부순환도로 건너에서 흙더미와 물 그리고 쓰러진 나무가 바닷물처럼 우리 집 방향으로 밀려와 아파트 마당이 순식간에 흙더미로 뒤덮이면서 고층 아파트가 흔들릴 정도였다"고 말했다.

이에 앞서 일본 동북지방 미야기현宮城縣 센다이仙臺시 동쪽 130km 해저에서 규모 9.0도의 강진이 발생[10]했는데 그 여파로 일어난 쓰나미를 연상시킬 만큼 강력했다

이때 나는 작은 아들 집에 갔다가 샌프란시스코 공항을 출발해 12시간 만인 3월 11일 오후 4시 30분에 인천공항에 착륙했다 지진이 발생한 시각에 내가 타고 온 비행기가 일본 상공을 통과할 때였다 그때를 생각하면 지금도 현기증이 난다

---

10) 2011년 3월 11일 오후 2시 46분

대조선주차미국화성돈공사관

조간신문에 미국워싱턴 내셔널프레스클럽
13층에서 열린 대한제국공사관 매입 서명식[11]은
슬픈 역사를 아는 참석자들에겐 가슴 떨리는 순간이었다는 기사가 실렸다
구한말에 사들였던 대조선주차미국大朝鮮駐箚美國 화성돈공사관華盛頓公使館으로
워싱턴 로건 서클 15번지에 위치한 건물이다

구한말 일본 청국 러시아 간 패권 다툼의
틈바구니에서 조선의 운명을 미국에 의지하려
했던 고종황제가 외교활동 공간으로 쓰려고
내탕금 2만5천 달러에 사들인 건물이다
1910년 한일합방 후 단돈 5달러에 일본에
빼앗겨 다시 미국인 손에 넘어갔던 건물로
102년 만에 350만달러로 매입한
공사관은 국유재산으로 편입되었다

1905년 을사보호조약이 체결되자
고종황제에 상소문을 올려 부당성을 호소하던

---

11) 2012년 10월 20일

최익현은 전라도 순창에서 의병을 일으켜
싸우다가 체포되어 대마도로 유배되어 갔다
너희들이 주는 음식은 먹지 않겠다고 버티다가 굶어 죽었고
의정부대신 조병세를 비롯 민영환 심상훈 등 수 십 명이 덕수궁 앞에서 통곡하다가
민영환이 자신의 목에 칼을 꽂고 자결하자
조병세는 아편을 먹고 죽는 등 이들의 뒤를 따르는 사람들이 줄을 이었다

그 아픈 역사
공사관을 매입한다고 슬픔이 가시겠는가

김정일 사망

북한 김정일 국방위원장이 심근경색 심장쇼크 합병증으로 사망했다[12)]

로마의 간담을 서늘하게 했던 카르타고의

한니발은 기원전 146년 제2차 포에니전쟁에서

로마에 패하고 역사에서 사라졌다

카르타고가 튀니지라는 나라로

튀니지의 국화가 재스민이다

그래서 튀니지 혁명을 재스민혁명이라 한다

재스민혁명으로부터 시작해 2011년에 이르러

이집트 리비아 예멘의 독재자들이 권좌에서 물러났다

이제 남은 시리아와 북한의 독재자 중 김정일이 사망함으로써

지구상의 독재자들이 거의 다 퇴출되었다

---

12) 2011년 12월 17일

〈작품해설〉

역사歷史와 시詩, 그 아이러니 관계

김순진 (문학평론가 · 은평문인협회 회장)

작품해설

역사歷史와 시詩, 그 아이러니 관계

김순진 (문학평론가 · 은평문인협회 회장)

역사학자로 널리 알려진 김제방 선생께서 시집을 내신다. 그동안 세계 곳곳을 날아다니며 우리나라의 근대화와 발전을 위해 애써온 흔적들을 그린 시가 대부분이다. 어찌 보면 이 시집은 우리나라의 자화상이라 해도 좋을 것 같다. 무수히 많은 외국 여행의 경험은 김제방 선생께서 올바른 눈을 가지고 역사를 쓰게 했던 것 같다. 나는 이 시집을 역사학자의 눈으로 쓴 시집이 아닌 한 소시민의 눈으로 쓴 시집의 입장에서 읽어보려 한다.

김제방 작가님은 우리 집안 안산김씨安山金氏 가문의 어른이자 지도자이시다. 우리 가문의 크고 작은 일을 조언하며 해결하려 애쓰시는 분으로 항렬은 필자인 내가 아재비 항렬이다. 그렇지만 나는 선생을 아버지처럼 따른다. 그것은 그가 그만큼 넓은 시야와 올바른 판단으로 삶의 모범을 보여주시기 때문이다.

시는 마음의 변화를 쓰는 글이다. 우리는 살면서 수많

은 마음변화를 겪는다. 하루에도 몇 번씩 마음이 바뀌기도 하고, 한번 정치적 성향이 굳어지면 절대 바뀌지 않는 아이러니에 빠지기도 한다. 김제방 선생은 절대보수주의자다. 박정희 대통령의 업적을 신봉하고 홍보한다. 대한민국 1세대답게 당신들이 일궈낸 대한민국의 발전상에 자부심을 느낀다. 우리들은 아버지를 믿고 존경한다. 우리 386세대도 대한민국 1세대로 대표되는 아버지 세대에 대하여 감사하고 존경하며 사랑한다. 전쟁의 후유증과 보릿고개로 명명되는 가난 속에서 우리들을 가르치고 먹이며 길러내셨을 뿐만 아니라 우리나라를 이만큼 살기 좋은 나라로 일구어놓으셨기 때문이다.

보수란 무엇인가? 국어사전을 찾아보니 보수란 "새로운 것을 반대하고 재래의 풍습이나 전통을 중히 여기어 유지하려고 함"이라 나와 있다. 그런데 김제방 선생은 자신을 보수주의자라 생각하고 있지만, 계속해서 외국을 다니며 신문물을 바라보았고, 그가 평생해온 공인회계사 일도 어떤 점에서는 진보주의적 사고를 해야 가능한 일이다. 우리가 어른들께 드리고 싶은 말씀은 너희들은 안된다는 확고부동한 생각을 좀 풀어달라는 주문이다. 나는 386세대다. 스스로를 진보주의자라 믿는다. 진보란 무엇인가? 국어사전을 찾아보니 "정도나 수준이 차츰 향상하여 감"이라 나와 있다. 그런데 일찍이 연암 박지원은 "이 세상에 새로운 것이란 없다"고 했다. 맞는 말이다. 우리들은 아버지를 베껴서 이만큼 살고 있다. 아버지가 만든 시스템과 거리에서 살고 있다. 새로움이란 위치에 새로운 물질의 문제가 아니라 위치에 관한 문제다. 그것은 시에서 극명하게 드러난다.

예를 들어보자. “나는 학교에 간다”라는 말이 있다. 이 말은 시에서 여러 가지 방법으로 나타날 수 있다. 이는 “나는 학교에 간다 / 나는 간다 학교에 / 학교에 간다 나는 / 학교에 나는 간다 / 간다 나는 학교에 / 간다 학교에 나는”등 여섯 가지로 바꿀 수 있다. 그런데 이러한 위치 바꿈 정도로는 새로울 수 없다. 그런데 “에 나는 학교 간다 / 에 나는 간다 학교 / 에 학교 간다 나는 / 에 학교 나는 간다 / 에 간다 나는 학교 / 에 간다 학교 나는”이라 조사를 앞에 놓으면 학교를 가는 대상이 학생에서 교장 선생님으로 바뀔 수 있다. 그런데 그것은 단순한 말장난에 그치고 밀 수 있나. 뭐니 뭐니 해도 시에 있어 성찰에 관한 문제를 간과할 수 없다. 김제방 작가의 시에도 가장 두드러지는 것은 성찰에 관한 문제다.

그간 김제방 작가가 써온 역사서는 『한국중고대사』, 『조선왕조사』, 『한국근현대사』, 『성공한국사』, 『한국현대사』 6권, 『세계사와 함께 읽는 재미있는 한국사』 등 11권은 무려 5,000페이지에 이른다. 게다가 그 동안 그가 출판한 저서는 시집 이집트로 가는 길 등 12권, 수필집 인간적인 것이 들입다 등 9권 등이다 된다. 거기에 이 시집 『우면산 돌담불』을 출판하게 되니 그간 출간하신 책이 모두 33권이나 된다. 그만하면 김제방 작가를 우리는 저술가라 불러드려야 할 것 같다. 그럼 이쯤에서 노객의 성찰은 어떻게 이루어지는지 살펴보자.

출근했다가 출장가고
퇴근하면 책 보다가 잠자는 일
아무리 늘려 봐도
내 할 일 이것이 고작인데
뭐 그게 그리도 바쁘고
고달픈지 알 수가 없다
정치문화가 어떻고
경제윤리가 저떻고
사회질서가 도덕성이 어떻고
국회의원 판검사가 그렇고
공해가 오존층을 뚫어
지구의 온난화를 불러오느니
남의 영역 들락거리면서
혀를 차고 한숨짓고
무엇을 잃은 듯
무엇을 빼앗긴 듯
이렇게 살아가는 현대인들
그게 우리들의 고민인가

– 「우리들의 고민」 전문

우리들의 고민에 대해서는 노老 필객筆客도 어쩔 수 없나 보다. 소시민들의 고민은 결국 정치와 경제, 질서에 과난 것이다. 우리나라 사람들은 유난히도 정치에 관심이 많다. 선진국 사람들일수록 사소한 것에 관심이 많다. 자기가 좋아하는 인형, 자기가 좋아하는 우표, 자기가 좋아하는 여행지에 관해 관심이 많아야 하는데 지나치게 정치에 관심을 두어 정치인들이 우리 위에 군림하게 한다. 그런데 우리들의 관심은 김제방 시인의 말씀처럼 사소한 일이다. '그게 우리들의 고민'이다. "내일 비가 올까 안 올까, 오늘은 미세먼지농도가 괜찮을까 나쁠까, 해외여행을 갈까 말까, 오늘 저녁에는 무얼 먹을까, 이번 휴일에는 먼 친척집 결혼식이 있는데 갈까 말까, 책 속의 그 사람을 어떻게 그릴까, 아이들은 무얼 하고 있을까, 우면산엔 진달래꽃이 피었을까, 우면산 여름 숲에 사는 비둘기는 알을 낳았을까, 눈이 내렸는데 미끄러운데 우면산에 갈까 말까……." 뭐 그런 고민 말이다. 살아있다는 고민이다. 목숨에 큰 지장이 없는 고민, 그런 고민은 긴장 속에 살아가는 우리를 이완하게 하며 삶을 풍요롭게 한다. 소시민들의 그런 작은 고민은 삶의 증거다

1980대 출퇴근길 올림픽대로를 달리면서 바라본
한강의 물결은 수시로 변했다
세상이 조용할 때는 잔잔한 호수로
세상이 어지러우면 악어농장 같이 보였다
구심점을 잃고 살아온 이 시대
자고 나면 시위를 했고
터지는 최루탄에 시민들은 눈물을 펑펑 쏟아야 했다
쌀이 모자라 보리밥을 먹으라면 그랬고
야간작업도 군소리 없이 척척

도시락을 싸라면 순순히 따라주었다
월남파병도 마다한 적이 없고
불볕 사막에 가서 땀 흘리기를 여러 해
이렇듯 열심히 살던 우린데
뱃가죽에 기름기가 끼니 가관들이다

– 「우리의 자화상」 전문

앞서 말한 바와 같이 나는 "이 시집은 우리나라의 자화상이라 해도 좋을 것 같다."고 말했다. 왜냐하면 이 시집은 김제방 작가가 일제강점기시대에 태어나 8.15광복과 정부수립, 6.25동란과 보릿고개, 민주화과정 등을 온몸으로 관통해온 우리 대한민국 근대사의 대표적인 사례들을 모은 시집이라 해도 좋을 것 같다. 그의 말처럼 "1980대 출퇴근길 올림픽대로를 달리면서 바라본 / 한강의 물결은 수시로 변"하는 것으로 보였을 것이다. 때로는 "세상이 조용할 때는 잔잔한 호수로" 보였을 것이고 "세상이 어지러우면 악어농장 같이 보였"을 것이다. 인간이 밥으로만 살 수 없듯, 인간은 자유로만 살 수도 없다. 자유를 위한 자유는 방종이라는 말이 있다. 그 시절은 신호등이 없이 무단횡단을 하던 시절이었다. 누구든 뒷돈을 받기를 원했고 '뭐 생기는 게 있느냐'는 말이 공공현한 현실이었고, 지게질이라도 해서 밥을 먹기 위해 서울로 서울로 상경하던 시절이었다. 그러다 박정희 대통령과 같은 절대적인 지도자가 나타나 배고픔에서 면할 만하게 되었는데, 육영수 여사도 박정희 대통령도 총에 맞아 서거하고, 절대적인 지도자가 없어져 사람들은 구심점을 잃게 되었다. 그리하여 "구심점을 잃고 살아온 이 시대"에 "자고 나면 시위를 했고 / 터지는 최루탄에 시민들은 눈물을 펑펑 쏟아야 했"던 시절을 되돌아보면 그런 어수선한 시국에서 "쌀이 모자라 보리밥을 먹으라면 그랬고 / 야간작업도 군소리 없이 척척"하던 시절이 있었다. "월남파병도 마다한 적이 없고 / 불볕 사막에 가서 땀 흘리기를 여러 해" 고통과 고난 속에서 헤 쳐온 날들을 뒤돌아보는 원로 작가의 눈에는 이제 "뱃가죽에 기름기가 끼니 가관들이다"란 말이 저절로 나올 만 하다.

이제까지 무얼 하다가
처음 타보는 장항선 희행열차
천안 온양온천 도고온천 예산 삽교를 지나
홍성엘 간다
두 시간 남짓한 거리 홍성엔
고려말 명장 최 영
사육신 성삼문
청산리 전투 김좌진
승려시인 한용운
걸출한 인물을 배출한 고장이라
역사의 냄새가 물씬 난다
내가 태어서 처음 오는 곳이기도 하다
아메리카 대륙을 발견한 콜럼버스의
심정은 아닐지라도…

– 「초행길 홍성」 전문

김제방 선생은 현재 홍성에서 공인회계사 사무실을 운영 중이다. 그런데 한평생을 살아온 그가 홍성에서 공인회계사 사무실을 운영한지는 불과 10여년 남짓 되었다. 그동안은 작가의 말처럼 "처음 타보는 장항선 하행열차"다. 서울에서 '두 시간 남짓한 거리'다. 무엇이든지 시작이 어렵지 자주 가면 가까워진다. 나는 15년 전쯤 영월과 인연이 되있다. 당시 나를 영월로 소개한 시인이 자주 영월로 초대했다. 그땐 영월이 멀게만 느껴졌지만 그 이후 매년 두세 번씩 가게 되어 영월에서 활동하는 정치인과 공무원, 시인, 예술인들을 거의 모두 알게 되고 보니 지금은 제2의 고향처럼 느껴진다. 아마도 김제방 작가도 홍성에 처음 갈 땐 홍성은 낯선 도시였을 것이다. 그렇지만 그의 노후를 책임져주는 홍성의 공인회계사 사무실과 그 직원들은 아마도 가족보다 더 가깝게 느껴질 것이다. '홍성!'하면 우선 '용봉산'이 생각난다. 용봉산은 기암괴석이 즐비한 작은 금강산을 옮겨다 놓은 것이라 해도 좋을 것 같을 만큼 아름답다. '그림이 있는 정원'도 참으로 아름다운 관광지라 할 수 있는데, 나는 두 곳에 여러 번 다녀왔다. 김제방 작가가 말씀하신 것처럼 "고려말 명장 최 영/ 사육신 성삼문 / 청산리 전투 김좌진 / 승려시인 한용운" 등이 홍성의 인물이라는 것도 이제 처음 알았다. 홍성이 과거 홍주에서 유래돼 1천년의 역사를 가지고 있다니 홍성에 관한 궁금증이 더욱 증폭된다. 인구 10만이 조금 넘는 지역으로 군단위로는 보통 지방의 군들의 인구가 4~5만인 것을 감안하면 매우 큰 지역이라 할 수 있겠다.

> 중국 역사에 새로운 시대의 장을 연 진시황제
> 현세現世에서 모든 욕망을 이루고 사후死後
> 궁전까지 마련한 그가 추구한 것은
> 불로장생不老長生 즉 늙지 않고 오래 살고자 함이었다
> 전국시대로부터 동방 해안지방에는
> 아득한 동방바다 가운데 봉래산蓬來山이 있어
> 불로불사의 선인仙人이 산다고 믿고 있었다
> 기원전 219년
> 진시황제가 천하를 순유할 때 제齊의 방사
> 서복이라는 이가 동방해상에 봉래 방장 영주의
> 삼신산에 선인을 만나고 오겠노라 진언하였다
> 방사方士는 불로장생의 술術을 배우고
> 신약 처방을 하는 사람이다
> 시황제는 많은 배를 준비하여 출발시켰으나
> 강풍으로 되돌아왔다
> 기원전 210년 시황제는 불사의 선약을 직접
> 구하고자 순행길에 나서 평원진까지 갔다가
> 거기서 병을 얻어 귀경길에 죽었다
> 그의 나이 50세였다

— 「불로장생의 꿈」 전문

사람이 늙지 않고 오래 살고 싶은 마음은 예나 지금이

나 다름이 없는 것 같다. 특히 중국 진시황제는 오래 살고 싶어서 별별 약초를 다 구해다 먹었지만 결국 50세란 젊은 나이에 죽었다고 하니 아이러니하다. 죽은 후에도 영생을 누리고 싶어 살아있는 노비와 말을 함께 순장한 것을 비롯하여 흙으로 빚은 수없이 많은 말과 병사를 함께 묻는 등 별별 해괴한 짓을 다 했다고 전해지니 권력이란 일장춘몽이란 말이 실감된다. 나는 중 3때 어머니가 돌아가셨다. 어머니가 간경화로 돌아가신 후 복수가 터져 핏물이 상여꾼은 물론 상여를 다 적셨는데, 그래서 우리 동네에서는 상여를 새로 맞춰 와야 했다. 새 상여를 맞춰 온 동네 사람들은 동네에서 가장 나이가 많았던 분을 상여에 태우고 동네를 한 바퀴 돌았는데 그때 나이가 환갑이었다. 지금은 환갑은 노인 축에도 끼지 못한다. 옛날에는 환갑을 천수로 보았지만 지금은 백세시대라면서 "9988234, 99세까지 88하게 살다가 2~3일만 앓고 죽자."라는 말이 공공연하다. 이애란이란 무명가수가 백세인생이란 노래를 불러 일약 스타가 되었는데 그 노래를 들어보면 "60세에 저 세상에서 날 데리려 오거든 / 아직은 젊어서 못 간다고 전해라 // 70세에 저 세상에서 날 데리려 오거든 / 할 일이 아직 남아 못 간다고 전해라 // 80세에 저 세상에서 날 데리려 오거든 / 아직은 쓸 만해서 못 간다고 전해라 // 90세에 저 세상에서 날 데리려 오거든 / 알아서 갈 테니 재촉 말라 전해라 // 100세에 저 세상에서 데리려 오거든 / 좋은 날 좋은 시에 간다고 전해라"라는 가사로 나이 많은 사람들로부터 인기를 구가하고 있다. 백가지 약이 필요 없다. 과음 과식하지 않고, 담배 안 피우고, 적당한 운동을 하고, 차 조심하면 장수는 따 놓은 당상이다. 김제방 어른도 향년 84세이신데 거의 매일 우면산을 오르시며 대단한 노익장을 과시하신다. 오래오래 건강하시길 기도한다.

나는 서울에 처음 올 때
일동면 외갓집 산판에서 생산되는
소나무장작 운반 트럭을 타고 올라왔다
목탄차木炭車 장작더미 위에서
밧줄을 움켜쥐고…
신읍을 지나 축석령 고개를 넘을 때는
힘이 달려 차에서 내려 밀어야 했다
곧 6·25가 일어났다
전후의 생활은 말이 아니었다
국토는 파괴되고 자원도 기술도 없는 나라
5천년 가난을 숙명처럼 살아오던
우리가 '한강의 기적'을 만들었다
그러나
물에 빠진 사람이
'내 보따리' 내놓으라 한다
민주화… 민주화… 내 보따리?
민주화에 걸신들린 사람들
내 보따리만 내놓으라고 아우성치고 있다

— 「내 보따리」 전문

내가 초등학생 적에는 차량이 귀하던 시절이었다. 트럭들이 매연을 뿜으며 언덕을 느리게 올라가면 기름 냄새가 좋다며 따라다니던 아이도 있었다. 군부대 육군 상사였던 인식이 아버지는 비가 오는 날이면 병기지원반이란 지붕이 덮인 창문 없는 트럭을 내 동네 아이들을 학교까지 태워다주던 생각이 난다. 캄캄한 차 안에서 비 비린내에 땀내 나는 우리들은 서로 웃고 장난하며 등교를 했다. 이 지면으로 나마 그때 김 상사님께 감사의 인사를 드린다. 김제방 작가도 처음 서울에 올라올 때 목탄차를 타고 올라왔다고 하니 상상이 간다. 목탄차가 언덕에 오를 때 힘에 부쳐서 차를 밀어야 했다는 말도 재미있다. 경운기처럼 앞에서 쇠뭉치를 돌려 시동을 걸던 차를 본 생각도 나고, 삼발이 트럭이 다니던 생각도 아련하다. 6.25동란은 사람만 살상한 것이 아니라 모든 것을 파괴했다. 민간인 100만 명, 국군 100만 명, 유엔군 15만 명, 북한군 90만 명, 중공군 90만 명 합 400만 명의 인명피해는 물론 전국의 거의 모든 시설물들이 파괴되었다. 그런 폐허 위에 "국토는 파괴되고 자원도 기술도 없는 나라 / 5천년 가난을 숙명처럼 살아오던 / 우리가 '한강의 기적'을 만들었"는데 김제방 작가의 눈에는 "민주화… 민주화… 내 보따리?"라며 사람들이 민주화에 걸신이 들린 것으로 보인다. 이해가 간다. 어른들께서 우리를 먹이고 기르시고 나라를 이만큼 잘 살게 일구시느라 수고하신 것도 안다. 그래서 감사한다. 요즘 미투가 전국을 강타하고 있다. 미투란 성적 추행에 대한 고발과 동시에 남존여비로 대표되는 봉건사회에서 이어온 불합리한 조건들에 대한 여권운동이라 해도 좋을 것 같다. 옛날이야 당장 배가 고프니 어쩔 수 없었다 하지만 모든 인간에게는 대접받고 평등하게 살 권리가 있다. 밥이나 배불리 먹으려고 살던 시절은 지났다. 부자나 가난한 자나, 아이나 노인이나, 시골 출신이나 도시 출신이나, 배운 자나 못 배운 자나, 여자나 남자나 똑같이 대접받는 사회, 만인이 법 앞에 평등한 사회가 실현되었으면 하는 바램이다.

내가 『성공한국사』 와 『한국현대사』 를 집필하는 동안
많은 사건이 있었다
미국 9.11테러의 배후 테러조직 알카에다의 지도자
오사마 빈 라덴이 미군특수부대에 의해 사살되고
발명가이자 가장 성공한 기업가로 칭송받던 애플 Apple 창업자
스티브 잡스가 타계했다
42년간 리비아를 통치하던 무아마르 카다피가
혁명시민군에게 생포되어 폭행으로 죽는 등
어수선한 가운데
2011년 7월 27일 우면산 산사태가 났다
산사태로 망가진 우면산
30여년 애정을 가지고 오르내리던 우면산에
무심코 흩어진 돌을 하루에 몇 개씩 모으기 시작했다
돌탑을 만들까
그러나 몇 번인가 무너져 내리곤 했다

무너지면 다시 쌓고 쌓으면 무너지기를 5년여
모양새 없는 돌담불이 되고 말았다
그러다가 2017년 추석秋夕 무렵 천사가 나타나
돌담불 양 옆으로 길을 내 오작교까지 연결
자갈을 깔고 각종 꽃나무를 심고 벤치를 설치해
서울특별시가 '생태 서식 공간' 표지판을 세웠다

서울특별시가 참 고맙다

— 「우면산 돌담불」 전문

김제방 작가는 이 시집 표지에 나온 것처럼 우면산에 5년 동안 돌담불을 쌓았다. 2011년 7월 27일 우면산 산사태가 일어났다. 30년을 오르내린 우면산이 무너져 내렸을 때 작가의 가슴은 찢어지는 듯 아팠을 것 같다. 그는 저술가다. 앞서 말한 바와 같이 김제방 작가는 무려 33권의 책을 써냈는데, 특히 5,000페이지에 이르는 역사책을 저술했다. 그가 역사책을 저술하는 방식은 단순히 역사만 쓰는 것이 아니라 군데군데 외국의 역사를 함께 기술하면서 현대사회에서 일어나는 정치, 사회, 경제 등의 상황을 함께 기술함으로써 재미와 현장감을 더해주는 기술이라 지루할 틈이 없다. 그런 방대한 저술을 하면서 그가 머리를 식히며, 건강을 챙기러 가는 곳은 우면산이다. 그런데 우면산이 무너진 것이다. 토사가 쏟아져 내린 우면산은 폐허처럼 흉물스러웠을 것 같다. 그래서 그는 여기저기 흩어져 굴러다니는 돌을 한군데 모으고 싶어졌다. 근사한 돌탑을 쌓고 싶었던 것이다. 그래서 무려 5년 동안 거의 매일 돌탑을 쌓아갔다. 그런데 돌탑은 기술이 있어야 쌓는 것이다. 처음 그의 계획과는 다르게 멋진 돌탑은 되지 않고 돌담불이 되고 말았다고 하지만, 그래도 우리에겐 돌탑이다. 그가 그런 큰 돌탑을 쌓을 수 있었던 것은 원동력은 우면산을 사랑하는 마음이었을 것 같다. 한 개 한 개 돌을 주워 쌓으며 자신을 수양하는 방법이었을 것 같다. 구르면서 쌓이면서 기다리고 견딘 돌의 인내는 스승처럼 보였을 것 같다. 돌담불을 쌓아놓고 보니 서울시에서 "돌담불 양 옆으로 길을 내 오작교까지 연결" 해 "자갈을 깔고 각종 꽃나무를 심고 벤치를 설치해" '생태 서식 공간'이란 표지판까지 세웠으니 이제 그 돌담불은 김제방 선생이 작고하셔도 길이길이 우면산에 남아 있을 것 같다. 나도 우면산의 그 돌탑을 보러 가야겠다.

시애틀과 미시간 주를 두루 돌아보면서
내 젊은 날을 되돌아본다
일제강점기 치하에서 태어나
초등학교 4학년에 8·15해방을 맞았고
중학교 2학년 때 6·25동란이 일어났다
남쪽으로 피난을 갔다가 상경했을 때 서울은 폐허가 되어 있었다
그 암담하던 시절 미군부대에서 흘러나온
사지쓰봉 파카 도꾸리샤쓰 하나 염색해서 입고 있으면
자랑스러웠던 학창시절
그나마 학업을 계속할 수 있었다는 게 나에게는 행

운이었다
고등학교 1학년 때 휴전협정이
대학 2학년에 학보병으로 입대
3학년에 4·19가
4학년에 5·16혁명이 일어났다
대학을 졸업하고도 취직이 안 돼 놀고먹던 선배들에 비하면
졸업 후에 곧바로 사회에 진출할 수 있었던 것도 행운이었다
그 어려웠던 생활 속에서도
어렴풋이나마 미국유학을 꿈꾸던 기억을 더듬어본다
시애틀에서 공인회계사 일을 하고 있는 김 서방
공직에 있으면서 가족과 함께 국비 유학 온 최 서방
이들은 한 세대 늦게 태어난 386세대다
이들 386세가 참여정부를 출범시켜 이제 5년 마지막 임기를 남겨놓고 있다
그동안 많은 변화를 보았다
꿈같은 이야기다

—「회상」 전문

'회상은 과거, 상상은 미래'라는 말이 있다. 그런데 상상은 회상을 토대로 하는 건축물이다. 새것이 좋은 것은 옛 것을 오래도록 썼기 때문이다. 그런데 무조건 새것만이 좋은 것은 아니다. 사용하는 물건이야 새 물건이 좋지만, 사람은 옛사람이 좋다. 사용하지 않고 보관하고 자랑하는 물건은 오래된 물건이 좋은데, 이를 골동품이라 한

다. 나는 우리나라 정치상황이 너무 젊어진데 문제가 있다고 생각한다. 일본이나 미국 등 정치선진국을 보면 국회의원이 7선 8선을 하면서 80이 넘은 정치인들이 수두룩하다. 그런데 우리나라는 5선만 넘으면 그 사람의 정치력과 관계없이 무능한 정치인으로 몰리기 일쑤다. 원로가 없는 사회는 실수투성이 사회가 되기 쉽다. 원로가 무시된 가정에서의 화목은 물 건너간다. 우리나라도 원로들이 대접받는 사회를 다시 만들어야 한다는 게 내 주장이다. 원로들이 없으니 국회에서도 서로 멱살잡이를 하고 상스런 욕설로 서로 싸우는 것이 아닌가? 할아버지의 가르침이 없는 가정, 그저 돈을 주어 밥을 매식시키고, 학원에서 입시 위주의 주입식교육이 만연한 사회다. 도대체 도덕은 가르칠 곳이 없다. 남자들은 군대와 예비군, 민방위로 공중도덕과 지진, 화재, 수해 등 천재시변에 대한 대응방법을 배우지만, 여성들은 고등학교 이후 도무지 교육을 받지 않는다. 나는 이것도 문제라고 본다. 여성은 천재지변에 더욱 노출된 사람들이다. 그런데 왜 남자만 민방위교육을 시키는지 알 수가 없다. 젊은 남성뿐만 아니라 여성도 국가에서 기본교육을 하는 사회가 되었으면 하는 바람이다. 이 시 「회상」을 읽어보니 김제방 어른께서 참으로 여러 가지 일들을 겪어 오셨다는 생각을 해본다. "일제강점기, 8·15해방, 6·25동란, 피란, 폐허, 휴전협정, 상경, 대학진학, 학보병, 5·16혁명, 취업, 미국유학……." 이것은 김제방 작가의 이력서이지만 대한민국의 이력서와 똑 같다. 온 몸으로 관통해온 대한민국의 역사다. 그래서 역사를 써오셨나 보다. 이제 역사는 모두 다 쓰셨다는 생각을 해본다. 다만 역사를 읽는 법은 안 쓰셨다. 역사를 읽는 법은 시집으로 쓰시면 된다. 수필집으로 쓰시면 된다. 아니면 자상한 할아버지로 손자 손녀들에게 들려주시면 된다. 그동안의 그 격정의 세월을 달려오신 수고에 박수를 보낸다.

이상에서처럼 김제방 작가의 시집 『우면산 돌담불』의 시 7수를 읽으며 그의 시세계를 들여다보았다. 김제방의 시세계는 진실의 세계다. 체험의 세계다. 역사의 세계다. 2016년에 작고한 송수권 시인은 상상력의 유형을 "기독교적 상상력, 불교적 상상력, 리비도적 상상력, 선仙적 상상력, 동심적 상상력, 원형적 상상력, 식물적 상상력, 동물적 상상력, 테크노피아적 상상력, 역사적 상상력, 에코토피아적 상상력, 민간화법적 상상력, 사회윤리적 상상력" 등 열네 가지 방법으로 보았다. 나는 여기서 김제방 작가의 시를 "기독교적 상상력과 원형적 상상력, 에코토피아적 상상력, 민간화법적 상상력, 사회윤리적 상상력을 포함한 역사적 상상력"이라 보고 있다. 그래서 그의 시집 해설의 제목을 "역사歷史와 시詩, 그 아이러니의 관계"라 이름 짓는다. 역사와 시는 어울리지 않는 것처럼 보인다. 과거의 시에 대한 의미는 문학 전반에 관한 모든 것이었다. 역사학자들은 역사는 문학을 포함하고 있으므로 상위개념이라 말할 수 있다. 이에 반해 시인들은 시는 역사 이전의 의사소통 수단이었으므로 시가 상위개념이라고 말할 수도 있다. 그러나 역사와 시는 상위개념을 논할 대상이 아니다. 서로에게 서로를 포함하는 대등의 관계다. '역사는 시에게 관대한가? 시는 역사를 신봉하는가?'는 아이러니다. 시는 감정에 관한 문제고 역사는 진실에 관한 문제다. 진실이 강한 시는 가장 설득력 있는 시다. 그러므로 김제방의 시는 역사를 신봉하고, 역사는 김제방의 시에 관대하다.

오랜 시간동안의 역사 기술을 쉬고 머리를 식힐 수 있는 시를 써 내놓으시는 김제방 작가님께 축하의 말씀을 드린다.

국립중앙도서관 출판예정도서목록CIP

이 도서의 국립중앙도서관 출판예정도서목록CIP은 서지정보유통지원시스템 홈페이지(http://seojinlgokr)와 국가자료공동목록시스템h(ttp://wwwnlgokr/kolisnet)에서 이용하실 수 있습니다.

(CIP제어번호 : CIP2018014536)

김제방 시집
우면산 돌담불

초판인쇄일 2018년 05월 28일
초판발행일 2018년 05월 31일

지은이 : 김제방
발행인 : 김순진
편집장 : 전하라
디자인 : 김초롱
펴낸곳 : 문학공원
등 록 : 2004년 3월 9일 제6-706호
주 소 : 우편번호 03382 서울 은평구 통일로 633
녹번오피스텔 501호 스토리문학사
전 화 : 02-2234-1666
팩 스 : 02-2236-1666
홈페이지 : http://cafe.daum.net/yob51
이메일 : 4615562@hanmail.net

※ 책값은 뒤표지에 있습니다.